REDUZIR!

211 estratégias para reduzir seu custo imobiliário

Wayne Fox

Copyright © 2015 por Wayne Fox. Todos os direitos reservados. Nenhuma parte deste livro pode ser reproduzida de qualquer forma sem permissão por escrito do autor. Os revisores podem citar breves passagens nas resenhas.

Isenção de responsabilidade e isenção de responsabilidade da FTC

Nenhuma parte desta publicação pode ser reproduzida ou transmitida de qualquer forma ou por qualquer meio, mecânico ou eletrônico, incluindo fotocópia ou gravação, ou por qualquer sistema de armazenamento e recuperação de informações, ou transmitida por e-mail sem permissão por escrito do editor.

Embora tenham sido feitas todas as tentativas para verificar as informações fornecidas nesta publicação, o autor não assume qualquer responsabilidade por erros, omissões ou interpretações contrárias do assunto aqui tratado.

Este livro é apenas para fins de entretenimento. As opiniões expressas são de responsabilidade exclusiva do autor e não devem ser consideradas instruções ou comandos de especialistas. O leitor é responsável por suas próprias ações.

A adesão a todas as leis e regulamentos aplicáveis, incluindo licenciamento profissional internacional federal, estadual e local, práticas comerciais, publicidade e todos os outros aspectos de fazer negócios nos EUA, Canadá, Reino Unido ou qualquer outra jurisdição é de responsabilidade exclusiva do comprador ou leitor.

O autor não assume qualquer responsabilidade ou obrigação em nome do comprador ou leitor deste material.

Qualquer desrespeito percebido por qualquer indivíduo ou organização é puramente não intencional. Às vezes uso links afiliados com o conteúdo do livro. Isso significa que, ao fazer uma compra, receberei uma comissão de vendas. Isso, no entanto, não significa que minha opinião esteja à venda. Todos os links de afiliados listados no livro são os serviços e produtos para os quais eu mesmo usei e achei úteis. O leitor ou comprador deve fazer sua própria pesquisa antes de fazer uma compra online.

Conteúdo

1. Introdução
2. PARTE 1: Imobiliária
3. PARTE 2: Mantendo sua propriedade
4. PARTE 3: Energia
5. Conclusão
6. Sobre o autor

Introdução

Os imóveis podem representar uma parcela significativa dos custos enfrentados por uma empresa. Muitos proprietários de pequenas empresas estão ocupados demais para começar a aprender como podem reduzir seus custos, por isso compilamos um guia simples e fácil de ler, listando algumas estratégias básicas para reduzir custos imobiliários e tornar uma pequena empresa mais lucrativa.

Este e-book concentra-se principalmente em pequenas empresas, mas os mesmos princípios podem ser copiados para todos os tipos de imóveis, desde a casa de uma família até grandes fábricas do tamanho de uma pequena cidade.

Para facilitar a leitura, este livro está dividido em 3 partes:

- Parte 1 - Imóveis – A estrutura central do edifício e tudo o que está associado a ela
- Parte 2 – Manutenção das instalações – O processo de manter os sistemas funcionando de forma eficiente
- Parte 3 – Energia – O processo de redução do custo da energia para o negócio

Este e-book foi escrito principalmente do ponto de vista da estratégia de longo prazo, enquanto algumas estratégias têm um retorno imediato, outras estratégias têm um retorno de longo prazo com algum investimento inicial necessário. É aconselhável calcular o retorno de qualquer estratégia abordada no livro, para verificar a sua adequação às suas próprias circunstâncias.

PARTE 1: Imóveis

Como somos todos pessoas ocupadas, vamos direto ao assunto, começando pela nossa seção Imobiliário. Isso cobrirá tudo relacionado à estrutura central do edifício.

1. **Obtenha o melhor negócio desde o início.**
   Ao procurar um imóvel, negocie o negócio certo para o seu negócio. A maioria dos arrendamentos é criada para beneficiar o

proprietário. Veremos mais maneiras de fazer isso mais tarde.

2. **Otimizar os horários de abertura de acordo com os níveis de comércio.**
Se a sua empresa está aberta às 9h, mas você só consegue alguns clientes nas primeiras duas horas, está custando mais pagar pela equipe e pelos custos operacionais do que o lucro que você obtém com essas vendas? Se a presença de vendas for necessária, a necessidade de recursos poderia ser reduzida de alguma forma para acomodar o movimento reduzido?

3. **Use padrões de turno duplo/triplo para o edifício.**
A maioria dos edifícios é usada apenas de oito a dez horas por dia. Que outros usos você poderia encontrar para o seu espaço fora desses horários principais? Um exemplo poderia ser um prédio de

escritórios. Ao mudar a ocupação do prédio para um sistema de turno duplo, a força de trabalho das 8h às 18h vai para casa às 18h, e uma nova força de trabalho trabalha entre 19h e 7h.

Essa equipe diurna pode ser a equipe que atende o cliente, e a equipe do turno noturno pode ser a pessoa que executa tarefas como folha de pagamento e contas, que não precisam estar voltadas para o cliente. Isso não apenas reduz o número de assentos do negócio, mas também aumenta a lucratividade. Para uma empresa que trabalha oito horas por dia, isso poderia ser ainda mais otimizado com três padrões de turnos. O que sua empresa poderia fazer com seu espaço após o expediente?

4. **Considere a localização do seu negócio.**
Se o seu negócio não precisa estar no centro nobre da cidade, pode ser significativamente mais barato, em custo de

aquisição de capital, aluguel e impostos governamentais, conseguir um prédio que fica a algumas ruas de distância, ou mais radicalmente, nos arredores de cidade.

5. **Posicione sua empresa onde seus clientes estão.**

   Olhando para o impacto no negócio, posicionar as suas instalações no centro de onde os seus clientes estão pode não reduzir os custos iniciais de propriedade, mas reduzirá os custos de desperdício para funcionários que não são totalmente eficazes, pois não têm clientes suficientes para mantê-los ocupados.

6. **Obtenha o tipo certo de propriedade.**

   Você realmente precisa de espaço comercial ou poderia trabalhar em um prédio de escritórios? O espaço de varejo é normalmente o espaço mais caro para alugar ou comprar e geralmente acarreta o custo mais alto tanto para aluguel quanto para impostos governamentais.

O armazenamento por metro quadrado é o tipo de propriedade mais barato. Compreender e otimizar a forma como sua empresa opera pode reduzir significativamente os custos. Compreender o futuro do seu setor e configurar o seu negócio dessa forma também economizará dinheiro a longo prazo.

Por exemplo, se você tem uma empresa de varejo, consegue prever o futuro de como as pessoas farão compras?

Alguns especialistas diriam que mais compras serão feitas online no futuro. Se for este o caso, então transferir uma grande parte das suas operações para o espaço de armazenamento e reduzir o espaço de retalho seria uma medida sensata em termos de redução de custos e de posicionamento do negócio para as tendências futuras da indústria.

7. **Reduza o tempo de viagem dos funcionários.**

Se sua empresa exige que a equipe visite clientes fora de suas instalações, considere o custo do tempo de viagem de suas instalações até o cliente. Se suas instalações estiverem localizadas na periferia da cidade, mas seus clientes estiverem no centro da cidade, você estará pagando a eles, talvez meia hora de viagem em cada sentido, cada vez que fizerem essa viagem. Isso representa uma hora de produtividade desperdiçada para cada visita a um cliente.

8. **Reduza as despesas de viagem dos funcionários.**

   Tal como acontece com o tempo de viagem dos funcionários, se você estiver pagando despesas de viagem para visitar clientes, poderá ficar muito caro para sua empresa pagar combustível, veículos, passagens de trem, etc.

9. **Mapeie onde seus clientes estão.**

   Ao pegar um grande mapa geográfico da área e traçar onde seus clientes estão localizados, você pode construir um mapa de calor de onde está seu maior público e basear suas instalações perto disso. Se você descobrir que seus clientes estão espalhados por três locais principais, poderá achar mais barato ter três instalações menores separadas em vez de um edifício central.

Considere os custos totais nesta avaliação, uma vez que por vezes as instalações pequenas acarretam impostos governamentais reduzidos ou nulos, enquanto ter três locais separados pode custar mais na sua gestão.

10. Considere o hot-desking.

O hot-desking existe desde cerca de 2009. Em vez de dar a um membro da equipe um espaço de mesa permanente, você dá a ele acesso temporário a um espaço de mesa com todas as facilidades de que precisam enquanto estiverem no local. Isso funciona bem para cargos como vendedores que passam muito tempo fora do escritório.

Existem também muitos fornecedores diferentes de escritórios que oferecem espaço para mesas compartilhadas; portanto, em vez de alugar um espaço de escritório completo, você pode simplesmente pagar por hora. Isso pode ser bom, especialmente se você ou sua equipe estiverem trabalhando a uma boa distância de seu escritório e não quiserem pagá-los para viajar até suas instalações.

O conceito pode ser copiado para a maioria das indústrias onde não é necessário espaço permanente.

11. Adote uma política de trabalho remoto.

O trabalho remoto está sendo usado por muitas das grandes empresas. Em vez de pagarem pelo espaço para alojar os funcionários, trabalham remotamente a partir de casa ou dos seus veículos, alguns incorporando um elemento de hot-desking nos edifícios de outras pessoas. A adoção do trabalho remoto pode reduzir significativamente a necessidade de espaço.

12. Use espaço compartilhado.
Um exemplo mais comum disso é o aluguel de espaço em um centro de negócios. No entanto, o mesmo modelo pode ser copiado na maioria dos setores.

Por exemplo, se você é um varejista, pode compartilhar espaço com outros varejistas, talvez até com marcas maiores nas ruas principais. Seu objetivo é vender seu produto/serviço ao cliente, não é alugar ou possuir um prédio; essa é uma indústria completamente diferente.

13. Calcule a relação de equilíbrio entre espaço compartilhado e espaço dedicado.

Ao entender qual é o limite entre a compra de um espaço compartilhado e a compra de um espaço próprio dedicado, você sabe quando é o momento mais eficiente para procurar seu próprio espaço.

Por exemplo, ao fazer uma pesquisa rápida por ambos os tipos de propriedade, encontramos um espaço de centro de negócios que foi alugado por US$ 300/milhão por assento. Ao procurar um espaço de escritório alugado, encontramos uma propriedade de 1.100 pés quadrados com capacidade para 11 a 15 lugares. O aluguel era de US$ 1.900 por mês, incluindo todos os impostos governamentais. Ambos os edifícios tinham serviços públicos adicionais, por isso não consideramos estes custos neste exemplo. Analisando esses números, podemos ver que o ponto de interrupção está em torno de 7 assentos.

Obviamente você também tem que pesar o custo de equipar um edifício; os centros de negócios geralmente já vêm equipados e incluem mesas, TI e tomadas elétricas.

Todos esses custos de adaptação devem ser levados em consideração em sua equação, embora possam ser distribuídos por um longo período de tempo.

14. Negocie um período de aluguel de longo prazo.

Concordar com um período de arrendamento de longo prazo pode ajudar a reduzir o custo mensal do aluguel, já que os proprietários geralmente preferem ter a garantia de um inquilino de longo prazo, pois reduz o custo de comercialização de instalações vagas.

15. Procure incentivos ao negociar um contrato de aluguel.

Isso vale tanto para espaços alugados quanto para espaços compartilhados. O proprietário estará frequentemente disposto a oferecer incentivos, como períodos de aluguer gratuitos ou serviços de valor acrescentado, como salas de reuniões gratuitas, se alugar num edifício com espaço partilhado. Ocasionalmente, quando as instalações são construídas em grande número, o proprietário as constrói sem ter um inquilino em mente, portanto, conversar com os proprietários sobre novos empreendimentos, especialmente durante a fase de construção, pode levar a condições favoráveis.

Eles também podem fazer apresentações a clientes em potencial. Afinal, é do interesse deles que o seu negócio tenha sucesso. Vale a pena fazer a pergunta.

16. Tenha as melhores medidas de segurança.

Embora possa parecer um custo para o negócio, não tê-lo pode representar um custo significativo para o negócio no futuro, o que pode até significar o fracasso total do negócio.

17. Não ocupe mais espaço do que você precisa.

Isso reduzirá aluguel, taxas, manutenção, aquecimento e resfriamento. Conheço tantos empresários que ocupam muito mais espaço do que precisam e acabam usando o espaço excedente para armazenamento. Se você precisar de espaço de armazenamento, existem opções muito mais baratas disponíveis.

18. Subloque qualquer espaço excedente.

Sujeito à obtenção do acordo do proprietário, por que não fazer parceria com outros proprietários de empresas e sublocar o espaço para eles? Se for um negócio complementar, pode até agregar algum valor a ambos os negócios, trabalhando juntos dessa forma.

19. Veja outros usos para o seu espaço.

Avaliar como sua empresa opera e quais são os hábitos de compra de seus clientes pode liberar espaço para ser usado de forma mais eficaz.

Por exemplo, um café pode descobrir que 75% das suas vendas são para viagem, reduzindo assim o espaço necessário para sentar; ela poderia usar esse espaço para qualquer coisa, desde sublocar espaço de escritório para reuniões de negócios até iniciar um negócio de panificação gratuito. Não importa para que utiliza o espaço extra (sujeito a licenciamento), basta ter esta estratégia em mente para as suas próprias instalações.

20. **Não pague mais aluguel do que o necessário.**

Um consultor profissional irá aconselhá-lo sobre os aluguéis atuais do mercado e onde um imóvel está superfaturado. Eles também ajudarão a negociar quaisquer incentivos.

21. **Não pague o valor pelo qual as instalações são comercializadas.**

Só porque as instalações são comercializadas por US$ 10.000 por mês não significa que o agente ou proprietário espera receber US$ 10.000 por mês. Como tudo na vida e nos negócios, a negociação é fundamental, e começar com ofertas só pode beneficiá-lo. O pior que pode acontecer é eles recusarem a oferta e você terá que fazer uma oferta maior.

22. Não recorra a um advogado para fazer ofertas informais no local. Em vez de ter um advogado redigindo vários documentos legais apresentando ofertas informais para compras de capital ou arrendamentos, basta usar o telefone e o e-mail até que um valor e os termos básicos tenham sido acordados. Em seguida, peça ao agente do proprietário que envie os documentos para assinatura. Dessa forma, você paga apenas pela verificação dos documentos, em vez de escrevê-los do zero.

23. Compre as instalações em vez de alugá-las. Pesar o custo da hipoteca em relação ao custo do arrendamento pode ajudar em alguns casos, reduzindo as despesas mensais do negócio com o arrendamento de imóveis. Ao fazer isso, obviamente, certifique-se de que o negócio não vai superar o tamanho das instalações muito rapidamente e que a propriedade é um bom investimento em termos de potencial de revenda no futuro.

Peça ao seu contador que analise os números, incluindo quaisquer incentivos fiscais para as opções de propriedade e aluguel.

24. Libere capital em uma propriedade própria usando um processo de venda e arrendamento.

Muitos bancos e instituições financeiras oferecem aos proprietários de imóveis comerciais uma forma de libertarem o valor dos seus activos, vendendo-os ao banco e depois alugando-os em condições fixas.

Tal como acontece com a estratégia 23, fale com o seu contabilista para avaliar as implicações para o negócio, uma vez que um grande ganho de capital obtido no imobiliário pode levar a uma fatura fiscal muito elevada, o que significa que a opção é menos viável.

25. Se for comprar um imóvel, considere comprar em leilão.

Comprar em leilão pode ser uma boa oportunidade para conseguir uma pechincha em instalações comerciais. Muitas grandes carteiras comerciais são propriedade de fundos imobiliários, companhias de seguros e fundos mútuos e, por isso, vendem grandes porções da sua carteira de uma só vez. Isto significa que apresenta uma boa oportunidade para quem procura um espaço comercial.

Antes de licitar em leilão qualquer imóvel, é aconselhável procurar o auxílio de consultores experientes e também garantir que você tenha o capital preparado para concluir a compra poucos dias após a queda do martelo.

Em muitas jurisdições, você será obrigado a pagar um depósito bastante elevado no dia do leilão, e o não pagamento dentro do prazo acordado significará que você incorrerá em multas muito elevadas.

26. Converta um edifício de acordo com as suas necessidades.

Ao converter um edifício existente, alterar a sua utilização (sujeito a consentimento) pode dar-lhe uma oportunidade incrível de poupar dinheiro tanto em custos de arrendamento como em custos de compra. Por exemplo, converter parte de um espaço de armazenamento em espaço de escritório pouparia uma renda substancial em relação à alternativa de ocupar o espaço de escritório equivalente noutro local.

Obviamente, você precisará considerar restrições de zoneamento, já que as autoridades de planejamento ou licenciamento provavelmente não concordariam com a conversão de um armazém inteiro em instalações de escritório, embora provavelmente concordassem em converter uma parte das instalações.

27. Entenda a agenda do proprietário.

Eles querem renda agora ou segurança no futuro? Estruture o contrato de locação em torno dessa agenda.

28. Considere uma parceria conjunta com o proprietário.

Se o setor imobiliário for um fator importante para o sucesso e o crescimento do seu negócio (sendo os supermercados um excelente exemplo), considere solicitar ao proprietário que aceite uma parte dos lucros/capital do negócio em troca de uma grande redução no aluguel.

O proprietário precisaria ter uma natureza empreendedora para aceitar isso, mas existem alguns grandes proprietários que estruturam esse tipo de acordo.

29. Verifique para garantir que o valor tributável da sua empresa está correto.

Os impostos sobre instalações comerciais são, em algumas jurisdições, calculados com base no valor do imóvel. Este valor pode ser contestado. Usar um especialista para desafiar isso pode ajudá-lo a alcançar um resultado.

30. Solicite isenção para pequenas empresas tanto para taxas de água quanto para empresas.

As organizações com estatuto de instituição de caridade podem normalmente obter isenção total ou parcial, e algumas pequenas empresas também se qualificarão para isenções. As regiões variam e podem depender das indústrias locais.

31. Faça uma auditoria de responsabilidade pela taxa de água e conteste quaisquer impostos sobre a água.

A realização de uma auditoria identificará se a responsabilidade pela taxa de água é elevada. Algumas autoridades cobram uma taxa por uso ou uma taxa fixa. Calcular a melhor opção com base nos seus níveis de uso ajudará você a reduzir o custo.

32. Entenda sua taxa de serviço e o que está incluído.

Sua taxa de serviço pode incluir uma série de coisas, desde o fornecimento de serviços de recepção até limpeza e instalações para fazer café, até a limpeza ou, se você tiver sorte, acesso gratuito às instalações da academia no local. Ao detalhar isso, você terá uma imagem mais clara sobre o que você pode estar pagando duas vezes, ou mesmo o que provavelmente pode prescindir.

33. Negocie uma redução na taxa de serviço.
Negocie uma redução da taxa de serviço onde os serviços não são necessários ou quando a taxa de serviço não oferece o melhor valor para cada serviço prestado.

Por exemplo, eles podem oferecer serviços de atendimento de chamadas que custam o dobro do que usar uma empresa terceirizada de atendimento de chamadas. Se você atende apenas uma ou duas ligações por semana, por que não desviá-las para o seu celular?

34. Converta um edifício apenas depois de avaliar os custos do ciclo de vida.

Se estiver a converter um edifício existente para alterar a sua utilização, avalie o ciclo de vida e os custos de conversão em relação aos de um edifício que já foi concebido para esse fim.

É importante entender quantos anos serão necessários para recuperar esse custo de conversão. Levando em consideração também o valor de revenda de mercado do edifício recém-convertido.

35. Evite problemas para reduzir quaisquer honorários profissionais.

Optar por não causar discussão com o proprietário ou empresas vizinhas eliminará qualquer necessidade de instruir consultores profissionais, como advogados. A manutenção adequada de um edifício também evitará a interferência do proprietário ou de seu agente.

36. Reduza a obrigação tributária sobre a propriedade escolhendo a estrutura correta.

Uma opção poderia ser constituir uma entidade jurídica com o único propósito de possuir o imóvel e depois alugá-lo à empresa, mantendo assim a actividade principal separada das obrigações fiscais incorridas pela propriedade do imóvel.

37. Considere o refinanciamento se uma propriedade for própria.

Um bom corretor financeiro pode aconselhá-lo sobre quando é um bom momento para refinanciar. Tal medida também poderia libertar capital adicional acumulado de quaisquer aumentos de valor. É importante estar ciente das implicações fiscais ao fazer isso.

38. Consolide operações remotas.

Se estiver operando em mais de um local, considere consolidar algumas das operações para ganhar eficiência. Assim, você poderia aumentar o tamanho de uma propriedade e, ao mesmo tempo, reduzir significativamente o tamanho de outras propriedades. O custo por metro quadrado de espaço costuma ser mais barato para um edifício maior do que para um edifício menor.

39. Terceirize "funções não essenciais" para reduzir a demanda por espaço.

Se o seu negócio for um restaurante, a função principal do negócio é fornecer comida aos clientes. Se você precisar contratar funcionários para fazer outra coisa além de preparar e servir a comida, essas funções são consideradas não essenciais e podem desviar a empresa da prestação de seus serviços.

Essas funções não essenciais podem incluir recrutamento de pessoal, folha de pagamento, contas, marketing, reservas de mesa, gestão de propriedades, limpeza, atendimento de chamadas, etc.

Em edifícios maiores, pode haver necessidade de presença em tempo integral para algumas dessas funções, como faxineira, mas a terceirização dessa função elimina a necessidade de gerenciar essa função ou indivíduo.

Tal gestão ou supervisão distrairá a empresa e o seu pessoal do serviço aos seus clientes e, dependendo da função, poderá necessitar de um nível de formação ou especialização por parte dos gestores de negócios, a fim de gerir adequadamente essa função.

40. **Compartilhe a demanda por produtos, serviços e espaço com outras pessoas ao seu redor.**
A união com empresas semelhantes pode ajudar a reduzir o custo de determinados produtos ou serviços. Por exemplo, considere os mais recentes empreendimentos imobiliários construídos nos últimos dois anos.

Em vez de um edifício ser construído por uma empresa, por exemplo, um hotel, agora é muito mais comum construir um edifício maior e dividi-lo em espaço hoteleiro, espaço de escritório, espaço de ginásio, espaço residencial, espaço de restaurante e até mesmo espaço comercial. espaço.

Não precisamos olhar para os edifícios de 110 andares para ver exemplos disso; podemos ver isso na maioria dos novos empreendimentos em qualquer cidade. Pode ter apenas 6 ou 8 andares, mas ainda abrangerá espaço de hotel, espaço comercial no térreo e escritórios no restante do espaço.

Ao fazer isso, esses ocupantes do edifício obtêm os benefícios de estar em tal local junto com outras empresas, mas podem compartilhar os custos do edifício, como manutenção do terreno, segurança, infraestrutura de TI, serviços de recepção, limpeza, gerenciamento de instalações, até a compra a granel de seus rolos de papel higiênico para o prédio, simplesmente adicionando um andar extra ou ampliando ligeiramente a área útil.

41. **Compartilhe sistemas críticos com empresas semelhantes.**

A implementação de sistemas e infraestruturas críticas pode ser extremamente dispendiosa para qualquer empresa que opere individualmente. Ao trabalhar com outras empresas, cada uma pode se beneficiar da espinha dorsal dos sistemas, com cada uma tendo apenas um custo muito menor para a adaptação pessoal dos sistemas.

Um bom exemplo disso pode ser visto com o 'armazenamento em nuvem'. Há apenas alguns anos, uma empresa teria que investir em seus próprios servidores de TI e em seu próprio software personalizado. Administrar um negócio era caro.

Quando os serviços em nuvem ficaram online, o backbone principal foi fornecido remotamente, enquanto cada empresa apenas configurava o serviço de acordo com suas próprias necessidades operacionais. Ainda há eficiência a ser obtida agrupando ainda mais essa demanda.

42. Agrupe suprimentos de propriedade com outros compradores.
Comparar a procura de bens imobiliários significa que, em vez de comprar 20 rolos de papel higiénico por mês, o poder de compra combinado poderá ser de 20.000 rolos de papel higiénico por mês. Isso significa que você pode obter poder de compra suficiente para negociar diretamente com o fabricante, em vez de comprar no varejo ou mesmo no atacado.

É assim que funciona o mercado atacadista. Seus clientes são um grupo de empresas semelhantes e, como tal, podem negociar descontos maiores de acordo com os hábitos de compra de seus clientes.

43. **Agrupar requisitos de espaço.**
Reunir-se com outras pessoas abre um caminho para compartilhar espaço com elas. Por exemplo, imaginemos que existem cinco empresas locais, três têm necessidade de espaço de curto prazo, enquanto as outras duas têm espaço disponível devido à promoção de um novo plano de trabalho remoto para o seu pessoal. Há também um centro comunitário local que tem escritórios disponíveis, mas quase nunca é usado.

Ao se unirem, todo esse espaço pode ser utilizado como se fosse um grande negócio, com cada um apenas pagando/sendo pago pelo espaço utilizado enquanto cada um atinge a utilização máxima do espaço.

44. **Contrate um bom advogado imobiliário.**
Um bom advogado imobiliário testará a "razoabilidade" do arrendamento e poderá

lutar por um arrendamento mais justo e amigável para o inquilino.

45. Reduza os prêmios de seguro aumentando a franquia.

Aumentar a franquia de qualquer apólice pode reduzir os prêmios de seguro, especialmente em negócios de maior risco ou mais novos.

46. Não exagere no valor do seguro.

Obtenha uma avaliação atualizada para evitar sobrevalorização e subvalorização crítica.

47. Garantir apenas para reconstrução.

Ao adquirir um seguro predial, você só precisa fazer um seguro para o custo da reconstrução, que deve ser bem inferior ao valor real de mercado.

48. Pague antecipadamente o prêmio do seu seguro.

Verifique com sua seguradora se é possível economizar pagando adiantado e, se o fluxo de caixa permitir, faça-o.

Ao fazer isso, certifique-se de que, se precisar fazer alterações na apólice posteriormente, você não terá custos extras.

49. Evite custos de seguro cada vez mais elevados, tente evitar sinistros, se possível.

O aumento da franquia pode dissuadir a apresentação de uma reclamação por quantias insignificantes, uma vez que o custo das reparações será provavelmente substancialmente inferior ao da franquia.

50. Digitalize toda a documentação para a nuvem.

Em vez de armazenar arquivos cheios de faturas e relatórios de despesas antigos, digitalize-os em seu armazenamento na nuvem, livrando-se de todas as cópias em papel e economizando em custos de armazenamento. Para economizar ainda mais, em vez de digitalizar os documentos e armazená-los na unidade de nuvem principal da sua empresa, por que não usar um dos serviços de nuvem gratuitos e, em seguida, compartilhar o acesso à unidade com qualquer pessoa da empresa que possa precisar dela?

PARTE 2:

Mantendo sua propriedade

51. **Reduzir os custos de dilapidação do setor imobiliário.**

    Isto pode ser conseguido através da implementação de um programa de manutenção preventiva para todos os serviços e estruturas do edifício.

52. Mantenha seu imóvel em bom estado de conservação.

Nos termos de um contrato de locação e de acordo com os regulamentos de saúde e segurança, é sua responsabilidade manter adequadamente suas instalações. Um plano de manutenção planejado e preventivo pode ser executado com custos mínimos para o negócio. Também representa uma imagem muito melhor para clientes e funcionários.

Os proprietários, bem como as autoridades governamentais, têm o direito de emitir um cronograma provisório de reparos, juntamente com possíveis multas.

Em caso de lesões, as penalidades também podem incluir penas de prisão para o empresário e a equipe gestora. As companhias de seguros também insistem em manter o edifício devidamente mantido e recusarão uma reclamação se não tiverem provas documentadas da realização da manutenção e um plano de manutenção actualizado.

53. Use software para controlar problemas de manutenção de propriedade.

Usar um pacote de software profissional para relatar, rastrear e gerenciar quaisquer problemas de manutenção libera sua memória para se concentrar na administração do seu negócio, em vez de monitorar quando um empreiteiro chegará para resolver quaisquer problemas. Existem vários pacotes gratuitos ou de baixo custo disponíveis agora.

54. Use um registro de ativos com um registro histórico.

Ao usar um registro de ativos com um registro histórico documentado, você pode registrar o histórico dos itens e identificar como o item foi mantido, quando foi inspecionado pela última vez e quando o item foi substituído pela última vez.

Um bom registro de histórico também deve permitir que você vincule determinados documentos aos itens, como faturas de empreiteiros ou cópias de certificados de garantia.

55. Agrupe a demanda por serviços imobiliários com outras empresas.

Para reduzir os custos administrativos e de gestão, muitos prestadores de serviços concentram-se frequentemente apenas em clientes maiores. Isso ocorre porque são necessários os mesmos recursos para gerenciar e faturar um cliente com uma propriedade e para um cliente com 50 propriedades.

Se tiverem que gerir 50 clientes individualmente, são 50 pontos de contacto, 50 contratos, 50 propostas, 50 ordens de compra, 50 faturas, etc. .

56. Escolha um inspetor de propriedades experiente.

Antes de contratar um aluguel, peça a um inspetor de propriedade experiente que realize uma avaliação de responsabilidade por dilapidações e prepare um cronograma preciso das condições, incluindo fotos detalhadas do estado do edifício, quando necessário.

57. Fique por dentro de quaisquer problemas de manutenção.

A maneira mais fácil de fazer isso é ter um plano de manutenção fixo desde o primeiro dia, o que significa que você pode praticamente esquecê-lo e concentrar sua atenção no negócio. Isso também torna muito mais fácil orçamentar questões de manutenção ao longo do ano.

58. Encontre um bom especialista em dilapidações.

Durante ou no final do seu aluguel, encontre um bom especialista em dilapidações para ajudar a contestar e reduzir qualquer reclamação de dilapidações.

59. Melhore o seu sistema de proteção contra incêndio.

Reduza o seguro de propriedade garantindo que haja um sistema de proteção contra incêndio adequado e mantido regularmente.

60. Reduza os prêmios de seguro instalando um alarme de intrusão NACOSS/NSI.

A maioria das seguradoras insiste que você tenha isso como um requisito básico da apólice e muitas vezes recusará qualquer reclamação caso ela não esteja em vigor ou sem um plano de manutenção ativo em vigor.

61. Instale portas, janelas e fechaduras aprovadas pelo seguro.

Certifique-se de que portas, janelas e fechaduras sejam aprovadas pelo seguro e bem mantidas com um plano de manutenção em vigor.

62. Instale um cofre aprovado pelo seguro no local.

Quando itens de maior valor ou dinheiro são mantidos nas instalações, este pode ser um requisito obrigatório da companhia de seguros, mas quando não for obrigatório, deve ajudar a reduzir os prémios e, em qualquer caso, é uma boa prática para proteger o negócio contra roubo, incêndio e risco de inundação.

63. Use CCTV aprovado pelo seguro.

Instale um sistema CCTV aprovado pelo seguro que seja monitorado remotamente e mantido por uma empresa de vigilância aprovada pela NSI/SIA.

64. Faça com que a equipe verifique se há antecedentes criminais.

Faça com que todos os detentores de chaves das instalações e qualquer funcionário do CRB sejam verificados e avise as seguradoras sobre este processo. Certifique-se de que este processo esteja claramente documentado com certificados armazenados de forma segura para uso posterior, caso faça uma reclamação.

65. **Inspecione e apare árvores ou arbustos regularmente.**

    Isso tem vários benefícios. Reduzirá os custos de manutenção na recolha de ramos mortos. Além disso, se uma árvore danificar a propriedade, aumentará os prêmios de seguro no futuro e também poderá danificar seriamente as operações comerciais.

    Finalmente, a maioria das seguradoras solicita que isto seja feito para reduzir as áreas de camuflagem para quaisquer possíveis criminosos.

    Muitas companhias de seguros começaram a rejeitar a cobertura onde existe uma árvore localizada a uma determinada distância das instalações.

66. **Inspecione regularmente todas as tubulações/tanques de água quanto ao isolamento.**

Garantir que as tubulações e os tanques estejam devidamente isolados evitará o risco de rompimento de canos ou de tanques de água em caso de condições de congelamento. É aconselhável verificar o isolamento no início e no final do inverno.

67. **Use inibidores químicos em seu sistema de aquecimento.**

A utilização destes irá impedir a acumulação de depósitos de corrosão e poderá melhorar a eficiência do sistema de aquecimento em até 15%. Pode aumentar a eficiência da caldeira em cerca de 4% -5%.

68. **Compre equipamentos e provisão de manutenção com base nos custos do ciclo de vida.**

Muitas empresas comprarão um produto ou serviço com base nos custos iniciais, mas esta opção pode significar custos mais elevados no futuro.

Muitos de nós compramos um equipamento elétrico, mas ele quebra 2 meses fora da garantia. O mesmo acontece no mundo dos negócios.

Algumas coisas a considerar são os custos reais do ciclo de vida, a duração da garantia, os custos incorridos durante esse período, o que acontece fora desse período, o custo dos reparos, os custos de manutenção para cada opção e os custos operacionais. Pode haver duas opções idênticas com base no preço, mas se uma delas custar o dobro em custos de manutenção e custos gerais de funcionamento, terá um custo de ciclo de vida substancialmente mais elevado.

69. Adquira um plano de manutenção preventiva para cada tipo de serviço.
Pagar um pouco adiantado na manutenção adequada do equipamento agora garantirá que o equipamento dure mais e reduzirá a

necessidade de manutenção reativa ou substituição de capital.

Foi demonstrado que os equipamentos duram 10 vezes mais, com a manutenção reativa sendo quase completamente eliminada quando um plano de manutenção preventiva é implementado. Embora haja um custo inicial a pagar, os custos gerais ao longo de um período de 10 anos podem economizar até 70% em relação à ausência de um plano de manutenção preventiva.

Além da economia direta de custos, também está comprovado que reduz o tempo de inatividade em uma empresa, pode melhorar a reputação da marca para funcionários e clientes, reduz o tempo de gerenciamento para lidar com problemas e também pode melhorar o fluxo de caixa sem a necessidade de fazer reposição de capital de equipamentos em momentos inesperados.

Por exemplo, se uma empresa tivesse uma avaria na caldeira, teria de encerrar a empresa até que fosse encontrada uma caldeira de substituição. Essa substituição pode significar que a empresa terá que encontrar algo entre US$ 10.000 e US$ 500.000 para uma nova caldeira de reposição. Adicione isso à receita perdida enquanto a empresa não está negociando e o custo poderá facilmente dobrar. Algumas empresas não conseguiriam reiniciar depois de sofrerem um impacto tão grande no seu fluxo de caixa.

Uma reclamação de seguro também seria inútil, uma vez que todas as companhias de seguros insistem em ter o equipamento devidamente mantido com um programa contínuo e documentado de manutenção durante a vida útil do equipamento.

PARTE 3: Energia

70. Faça uma auditoria energética ao seu imóvel.

Ao fazer uma auditoria energética ao imóvel, irá identificar quaisquer fragilidades na eficiência energética das instalações e priorizar áreas de forma a poupar energia.

71. Isole tanques e tubulações.

Isolar um tanque de água e tubulações pode reduzir significativamente os custos de energia. Por exemplo, uma jaqueta de tanque de tamanho doméstico normal custa cerca de US$ 15, mas economizará US$ 45 por ano na conta de energia.

Da mesma forma, um investimento de cerca de 10 dólares em isolamento de tubos pode gerar uma poupança de cerca de 15 dólares por ano.

72. Substitua as caldeiras antigas por novas caldeiras energeticamente eficientes.

A maioria das caldeiras com mais de dez anos pode operar com eficiência entre 45% e 85%. Isto significa que para cada 1000 unidades de energia que a caldeira gera, ela produz apenas 450 unidades, ou 45% dela, sendo o restante perdido por ineficiências e para o meio ambiente. A maioria das novas caldeiras opera com eficiência de 95% ou superior, com as caldeiras de maior escala operando com eficiência muito mais próxima de 100%.

73. Isole áreas de loft e vazios no teto.

Cerca de 25% do ar aquecido/resfriado é perdido através de áreas de loft não isoladas e vazios no teto.

Embora muitas instalações já possuam isolamento, a maioria deve atualizá-lo, pois é recomendado que haja um isolamento mínimo de 300 mm. A menos que seja construído nos últimos anos, o edifício provavelmente terá menos de 100 mm.

74. Instale o isolamento da parede.

Assim como nas áreas de loft e telhado, o ar aquecido/resfriado também se perde pelas paredes. Isso pode representar até 66% da perda total de calor. As opções podem variar desde isolamento de parede oca até placas isoladas internas e externas.

75. Atualize as unidades envidraçadas.

Atualize qualquer vidro do edifício para vidros triplos com classificação A nas janelas voltadas para o norte e vidros duplos com classificação A nas janelas voltadas para o sul.

76. **Verifique se há lacunas ou vedações quebradas nas unidades envidraçadas.**
Verifique janelas, portas e painéis de vidro quanto a lacunas ou vedações quebradas. Verificar as unidades envidraçadas quanto a correntes de ar ou lacunas entre o vidro e a moldura superiores a 1 mm pode ajudar a detectar áreas de perda de calor, e tomar medidas nessas áreas pode reduzir a perda de energia.

77. **Mantenha as janelas fechadas ao usar equipamentos de aquecimento ou resfriamento.**
Embora pareça óbvio, muitas pessoas abrem uma janela quando sentem que está muito quente enquanto o sistema de aquecimento ainda está funcionando. Isto pode ser especialmente o caso em edifícios

maiores, com mais de dois ou três funcionários trabalhando lá.

78. Mantenha as portas fechadas ao usar equipamentos de aquecimento ou resfriamento.

Ao manter as portas fechadas, o ar condicionado pode acumular-se num determinado espaço com muito mais rapidez. Se as portas estiverem abertas, o ar aquecido se dissipará nos corredores e salas adjacentes, demorando muito mais para que o espaço desejado seja aquecido.

79. Instale tiras de proteção ao redor das portas.

Com o tempo, as partes internas de um edifício podem expandir-se e contrair-se, de acordo com os níveis de calor e humidade, tanto antes como depois da instalação. Isto é especialmente evidente nos primeiros dois a três anos. Isso pode significar que podem se formar lacunas ao redor das portas, deixando um pequeno espaço para a passagem de ar entre as áreas, causando correntes de ar. Algumas portas mais caras possuem tiras de proteção integradas na porta original. Quando este não for o caso, adicionar uma faixa de tiragem pode ser uma forma barata de melhorar a eficiência energética de um espaço.

80. **Instale sensores em portas e janelas.**

Instale sensores para desligar automaticamente equipamentos de aquecimento ou resfriamento em caso de abertura de portas ou janelas. Ter estes sensores ligados a um alarme também pode ajudar a mudar o comportamento dos funcionários no sentido de melhorar a eficiência energética do edifício.

81. **Instale cortinas de ar.**

Instale cortinas de ar acima das portas externas para evitar que o ar resfriado/aquecido saia da área tanto quanto possível.

82. Construa um lobby separado.

Construa uma área de entrada onde as pessoas/veículos entrem no edifício, especialmente onde ocorrem atividades, para impedir a fuga de ar aquecido/resfriado.

83. Isole o chão.

Cerca de 15% do calor/resfriamento é perdido pelo piso. O isolamento de um piso pode ser um processo muito perturbador para o seu negócio e, por isso, só deve ser considerado como parte de uma remodelação faseada ou completa do edifício.

84. **Instale um sistema de piso radiante.**

Este é o tipo de sistema de aquecimento mais eficiente, pois é fornecido ao nível dos pés e sobe até ao nível da cabeça. Também está distribuído igualmente pela área, ao contrário dos sistemas de aquecimento convencionais. Ele pode ser controlado por área, mas não é tão focado quanto conectar um único aquecedor elétrico próximo a um ocupante.

Existem dois tipos de sistema de piso radiante: em primeiro lugar, um sistema canalizado e, em segundo lugar, um sistema de tapete eléctrico.
O sistema de tapete elétrico é muito mais fácil de controlar e liga/desliga o aquecimento quase instantaneamente, mas é bastante caro em termos de custos operacionais. O sistema canalizado é muito mais barato nos custos de funcionamento, utilizando uma rede de tubulações ao redor

da área útil e um gerador de calor central que pode ser de biomassa, gás, caldeiras a óleo, bombeando líquido aquecido ao redor da rede de tubulações até que a área esteja até a temperatura necessária.

O sistema canalizado demora muito mais tempo a aquecer/arrefecer, mas este problema pode ser corrigido através da incorporação de um dispositivo de observação meteorológica, juntamente com uma cronometragem automatizada baseada nos níveis de ocupação do edifício.

Usar um sistema de piso também significa que as áreas das paredes não são ocupadas por radiadores ou dutos.
Este tipo de medida só é realmente adequada para locais com remodelação faseada ou completa, pois exige a abertura de grandes áreas do pavimento, mas pode

estar associada ao isolamento da área do pavimento.

85. **Desligue PCs e outros equipamentos elétricos no modo de suspensão.**
Ao desligar completamente o equipamento, um pequeno escritório com 2 a 3 pessoas pode economizar cerca de US$ 100/ano.

86. **Reduza o termostato de aquecimento em um Celsius.**
Diminuir o termostato de aquecimento em apenas um grau Celsius economizará 8% do consumo de energia de aquecimento.

87. **Aumente o termostato de resfriamento em 1 Celsius.**

Aumentar o termostato em um Celsius economizará 8% do consumo de energia de resfriamento.

88. Automatize todos os sistemas.

Automatizar o controle dos sistemas de aquecimento e resfriamento para serem ligados logo antes da chegada da equipe (se necessário) economiza o funcionamento do equipamento quando a equipe não está no prédio.

89. Remova todo o controle humano.

Remover a capacidade dos ocupantes do edifício de ajustar a temperatura pode ajudá-lo a manter uma temperatura uniforme e confortável para todos os ocupantes do edifício.

Por exemplo, um ocupante pode sentir que está muito quente e ligar o ar condicionado, enquanto os outros ocupantes acham que está muito frio e ligam o aquecimento.

Além de ter dois sistemas operando um contra o outro, isso também significa que ambos os sistemas têm que trabalhar arduamente para aquecer/resfriar o ar pré-tratado apenas para que ele volte ao que já era. Ao remover todo o controle, elimina a capacidade da equipe de fazer isso.

90. **Forneça aos funcionários moletons e jaquetas de marca.**
Isso melhorará a presença da sua marca externamente, mas também significa que os ocupantes do edifício estarão menos inclinados a aumentar o aquecimento, pois usarão moletons e não sentirão tanto frio.

Ao fornecer moletons aos funcionários, você pode diminuir o aquecimento em 2 ou 3 graus Celsius e eles não perceberão, economizando quase 25% na conta de energia de aquecimento. Fazer o mesmo para espaços com ar condicionado também alcançará o mesmo resultado final.

91. Desenvolva uma cultura de economia de energia e um programa embaixador.
Ofereça recompensas ao melhor indivíduo ou grupo pelo desempenho. Tal esquema poderia ser usado para promover as credenciais ambientais de sua empresa para o mundo exterior e fortalecer sua marca junto a clientes existentes e potenciais.

92. Instale persianas nas janelas para evitar superaquecimento.
A instalação de persianas, especialmente nas janelas viradas a sul, reduz a quantidade

de calor que entra no edifício, o que por sua vez reduz a quantidade de arrefecimento necessária.

Esta é uma forma adicional de controlar o aquecimento/arrefecimento de um edifício.

93. Use proteção solar no edifício.

O uso de proteção solar em um edifício reflete o brilho do sol nas janelas e também pode melhorar a aparência de alguns edifícios.

94. Abaixe a temperatura da água.

Se sua empresa utiliza equipamentos de lavanderia, reduza a temperatura da água para 30 Celsius em vez de 40 Celsius.

95. Compre aparelhos com eficiência energética.

A maioria dos aparelhos elétricos vem com uma classificação de eficiência energética entre A e G. Escolher o mais eficiente em termos energéticos pode custar um pouco mais antecipadamente, mas pode economizar até US$ 130 por ano em custos operacionais.

96. Substitua os banhos por chuveiros.

Se a sua empresa necessita de instalações balneares, como um hotel, remova todas as banheiras e, em vez disso, instale chuveiros com cabeças eficientes em termos de água. Isso pode economizar até US$ 200 por ano em contas de energia e água por banho.

97. Substitua a iluminação antiga por uma nova iluminação LED.

Substitua a iluminação halógena, de descarga e fluorescente por iluminação LED inteligente. Isto pode economizar até 87% dos custos operacionais, tem uma expectativa de vida até 25 vezes maior e praticamente nenhum custo de manutenção.

98. **Instale sensores de nível de luz natural para controlar os níveis de luz.**

    Isto significa que se o sol começar a brilhar ao meio-dia, o sistema de iluminação irá diminuir automaticamente, poupando assim energia.

99. **Instale sensores de ocupação em vez de interruptores de luz.**

    Isso pode ser dividido apenas para operar em uma área muito pequena e específica, como uma mesa, dentro de uma área de escritório muito mais ampla. Pode ser usado para qualquer tipo de edifício, e não apenas para escritórios.

100. **Use cores brilhantes para decorar superfícies.**

    Sempre que possível, decore paredes, pisos e tetos com cores vivas usando materiais reflexivos.

101. Reduza a altura do teto.

Se a altura do teto for superior a 2,4 m, tente reduzi-la instalando um novo teto suspenso. Reduzir um teto de 3,5 metros de altura para 2,4 metros pode reduzir a demanda de aquecimento, resfriamento e iluminação para essa área em mais de 30%.

102. Use fita reflexiva na parte traseira dos radiadores.

O uso de fita reflexiva na parte traseira dos radiadores reduz a perda de calor na parede.

103. Zonear áreas do edifício para melhor controle.

Dividindo dividir o espaço em zonas localizadas para controlar melhor o sistema de aquecimento/arrefecimento/iluminação significa que, se apenas uma pequena área das instalações for utilizada, não será necessário aquecer/arrefecer/iluminar todo o espaço.

104. Instale termostatos de área para cada zona.

A instalação de termostatos individuais para cada zona significa que quando uma área menor está na temperatura correta, a zona desliga, tornando o equipamento muito mais eficiente.

105. Instale um tanque tampão para reduzir o ciclo da caldeira.

A integração de um tanque tampão/acumulador para armazenar água aquecida/resfriada pronta para circulação nas instalações reduz a ciclagem da caldeira e ajuda a mantê-la funcionando de forma eficiente. Se estiver usando um tanque tampão, certifique-se de que ele não seja superdimensionado, pois um tanque superdimensionado não usará toda a sua capacidade de água antes que a temperatura da água seja perdida.

106. Gere sua própria energia no local.

Gere sua própria energia no local e venda o excedente de energia de volta à rede. Isto reduz a sua dependência da empresa de energia, ao mesmo tempo que reduz os custos de energia.

107. Use a recuperação de calor para recircular o calor.

Retirar ar aquecido de uma área, limpá-lo e redistribuí-lo em outras partes das instalações pode significar economia na geração de calor.

108. Instale painéis solares fotovoltaicos.

Instalar painéis solares fotovoltaicos para gerar sua própria eletricidade a partir do sol significa que você obtém eletricidade gratuita e qualquer excesso de eletricidade pode ser vendido de volta à rede.

109. Instale uma turbina eólica.

Instalar uma turbina eólica para gerar eletricidade a partir do vento no local significa que você pode gerar eletricidade sempre que o vento soprar. O excesso de eletricidade pode ser vendido de volta à rede.

110. Instale uma unidade CHP no local.

A instalação de uma unidade CHP (Combined Heat and Power) para gerar calor/arrefecimento e energia a partir de gás ou combustível de biomassa pode significar custos de energia mais baixos e o excesso de energia pode ser exportado para a rede ou vendido a edifícios vizinhos.

111. Instale uma caldeira de biomassa.

A instalação de uma caldeira de biomassa para gerar calor/arrefecimento que utiliza combustível de biomassa, como pellets, troncos ou aparas, pode reduzir significativamente o custo de aquecimento das suas instalações.

112. Instale uma bomba de calor de fonte de ar.

A instalação de uma bomba de calor com fonte de ar para gerar calor/resfriamento a partir do ar pode reduzir o custo de operação de seus sistemas de aquecimento/resfriamento.

113. Instale uma bomba de calor de fonte subterrânea.

Instale uma bomba de calor geotérmica para gerar calor/resfriamento a partir do solo. Isto é feito cavando um grande poço e enterrando bobinas de tubulações, ou perfurando um grande poço no núcleo da terra. Esta é uma alternativa às bombas de calor de fonte de ar.

114. **Instalar aquecimento solar de água (solar térmico).**

Isso gera água quente do sol. Funciona da mesma forma que a energia solar fotovoltaica, exceto que a água está contida em vários cilindros dentro do painel e canalizada para o seu cilindro de armazenamento.

115. **Substitua quaisquer aquecedores elétricos de armazenamento.**

Substitua os aquecedores elétricos por um sistema de caldeira eficiente. Dependendo da tarifa, o aquecimento por armazenamento pode ser um dos tipos de sistemas de aquecimento mais caros, além de ser ineficiente.

116. **Troque de fornecedor de energia.**

Comparar e mudar de fornecedor de energia pode poupar mais de 10% nas suas contas de energia.

117. Pague por débito direto.

Pergunte ao seu fornecedor de energia se pagar por débito direto é mais barato ou qual seria a opção mais barata para economizar nas contas de energia.

118. Compre sua energia em massa.

Agrupe-se com outras pessoas em sua região para aumentar o poder de compra e obter um desconto maior.

119. Reduza o uso de água.

A redução do consumo de água, principalmente de água quente, reduzirá a sua conta de energia, tanto ao nível do aquecimento da água como também se o imóvel estiver ligado a um contador de água. Isso reduzirá as unidades consumidas pela propriedade, reduzindo também a conta geral de água.

120. Execute um teste de pressão no abastecimento de água.

A realização de um teste de pressão no abastecimento de água identificará quaisquer vazamentos potenciais no sistema. Isto é especialmente relevante entre o medidor externo e o local onde a água entra no edifício. Mesmo um pequeno gotejamento em cada conexão do tubo pode representar custos extras no custo da água ao longo do tempo.

121. Verifique a calibração do medidor.

A instalação de medição secundária em todos os serviços medidos permitirá que você compare seu fornecimento oficial medido com as leituras de seus próprios medidores. Foram encontradas imprecisões de até 40% em algumas instalações, o que poderia economizar substancialmente o dinheiro da sua empresa.

122. Utilize a caldeira para gerar água quente.

Em vez de usar aquecedores elétricos de imersão para aquecer água, use a caldeira combinada com um acumulador térmico ou tanque acumulador.

123. Substitua os secadores de mãos por novas unidades energeticamente eficientes.

Instale secadores de mãos com baixo consumo de energia no lugar de secadores de mãos ou toalhas de papel antigos e ineficientes.

124. Torne-se digital e elimine o desperdício de papel.

Remover processos baseados em papel do negócio; em vez disso, use processos baseados em TI para reduzir o desperdício do negócio.

125. Use sensores de ocupação para reduzir a água.

Use sensores nas torneiras, especialmente em áreas públicas, para evitar que as pessoas deixem as torneiras abertas e as descargas dos vasos sanitários.

126. Não aqueça a água quando o prédio não estiver ocupado.

A economia pode ser obtida instalando um sistema de controle automatizado ou tomando medidas muito básicas, como a instalação de um relógio de ponto.

127. Instale reguladores de fluxo nos chuveiros para reduzir a água.
Embora isso não deva ser feito em chuveiros elétricos, um regulador de fluxo reduzirá a quantidade de água utilizada.

128. Substitua os chuveiros elétricos por chuveiros misturadores convencionais.
Ao substituir os chuveiros elétricos por unidades misturadoras, significa que um sistema de caldeira eficiente pode gerar o calor em vez de usar um chuveiro elétrico de alta qualidade para gerá-lo.

Um chuveiro elétrico pode utilizar até 40 vezes mais energia para aquecer a água, em comparação com uma caldeira que gera água aquecida com eficiência e escala muito maiores.

129. Compre produtos recomendados pela Waterwise.

Compre apenas produtos de eficiência hídrica que tenham sido rotulados com a marca de seleção recomendada pela Waterwise.

130. Educar o pessoal.

Eduque funcionários e clientes sobre a melhor maneira de ser eficiente em termos de energia e água. Ao educá-los sobre a melhor forma de utilizar a energia, eles podem pegar no que aprenderam e utilizá-lo também no seu ambiente doméstico, o que significa que começa a tornar-se um hábito e um modo de vida para eles, cimentando assim o processo nas suas mentes.

131. **Repare as torneiras que gotejam o mais rápido possível.**

Uma torneira pingando pode desperdiçar 5.500 litros de água por ano. Substituir uma lavadora de torneira leva apenas alguns minutos. Vale a pena o esforço para economizar tanta água?

132. **Encha geladeiras e freezers.**

Onde houver espaço vazio, use jornal amassado ou recipientes de plástico lacrados para preencher o espaço de ar. Quanto menos espaço disponível significa menos espaço para resfriamento.

133. **Limpe as vedações das portas da geladeira e do freezer.**

Limpar regularmente as vedações das portas do frigorífico e do congelador e verificar se não estão rasgadas ou faltando significa que o frigorífico ou o congelador não têm de trabalhar mais do que o necessário.

134. Mantenha os líquidos refrigerados cobertos.

Ao selar ou cobrir qualquer líquido na geladeira ou freezer, a unidade não precisa trabalhar tanto. Os vapores liberados pelo líquido fazem com que a unidade trabalhe mais para resfriar o ambiente.

135. Opere as unidades refrigeradas na temperatura ideal.

Garantir que as unidades funcionem à temperatura ideal pode ajudar a poupar dinheiro em custos de funcionamento, uma vez que não têm de trabalhar mais do que o necessário. A temperatura ideal do refrigerador está entre 3 e 5 Celsius (37 - 41 Fahrenheit). Para um freezer, isso é menos 18 Celsius (-0,4 Fahrenheit).

136. **Instale fechos automáticos nas portas do frigorífico e do congelador.**

Instalar um fecho automático de porta e/ou um sistema de alarme na porta fechará automaticamente ou emitirá um sinal sonoro para alertar o pessoal de que a porta foi deixada aberta.

137. **Coloque apenas alimentos frios na geladeira.**

Deixar os alimentos esfriarem antes de colocá-los na geladeira significa que a unidade do refrigerador não terá que trabalhar tanto para resfriar os alimentos. Alimentos quentes podem causar aquecimento em toda a área. Isto está sujeito a precauções de higiene.

138. **Faça a manutenção adequada de suas unidades de geladeira / freezer.**

Uma unidade de geladeira/freezer bem conservada pode reduzir o consumo de energia das unidades em 30%.

139. **Reduza a temperatura ambiente instalando iluminação LED.**

Instale iluminação LED para reduzir as temperaturas e a necessidade de resfriamento. Muitos tipos de iluminação tradicionais geram grandes quantidades de calor, tanto que é impossível tocar em uma dessas unidades sem sofrer queimaduras na pele. Uma unidade de luz LED não cria calor durante a operação.

140. **Reduza a temperatura ambiente removendo equipamentos de TI.**

Livre-se de equipamentos de TI, como servidores e unidades de desktop, de uma área para reduzir os requisitos de resfriamento.

141. Remova os carregadores de telefone de uso.

Desconecte carregadores de telefone e outros transformadores, como fontes de alimentação, quando não estiverem em uso.

142. Reduza a fervura desnecessária.

Ferva apenas a água necessária para preparar bebidas quentes. Um exemplo disto pode ser a substituição de grandes caldeiras de água e urnas eléctricas por chaleiras localizadas em áreas de cantinas.

143. Feche as cortinas à noite.

Feche as cortinas à noite para evitar que o calor acumulado durante o dia escape durante os meses mais frios. Também melhora a segurança do edifício.

144. Atualize equipamentos antigos.

Atualize e substitua qualquer equipamento que consuma energia com mais de 10 anos, pois a eficiência energética diminui com o tempo ou o equipamento leva mais tempo para atingir a mesma produção, consumindo, portanto, mais energia para alcançar o mesmo resultado.

145. Limpe as janelas regularmente.

Limpe as janelas e as claraboias regularmente para aumentar a entrada de luz natural no edifício e reduzir a iluminação necessária.

146. Remova a sinalização das janelas.

Remova qualquer sinalização ou decoração das janelas e portas para aumentar a entrada de luz natural no edifício.

147. Limpe difusores de iluminação, refletores e cortinas.

A limpeza de difusores, refletores e cortinas ajuda a aumentar a saída de luz de cada unidade.

148. Instale persianas horizontais.

Use persianas horizontais que inclinam a luz para o teto, em vez de cortinas blackout. Ao refletir a luz em direção a um teto reflexivo branco, ele atua naturalmente como uma fonte adicional de luz no ambiente.

149. Instale controladores programáveis.

Instale controladores programáveis de sete dias em quaisquer ventiladores mecânicos para evitar a operação quando o edifício não estiver ocupado.

150. Reinicialize os termostatos de congelamento.

Reinicie todos os termostatos de proteção contra congelamento para garantir que não estejam ajustados muito alto.

151. Não use equipamentos de aquecimento e resfriamento simultaneamente.

Isto pode ser feito instalando um sistema de gerenciamento que isolará uma unidade em detrimento de outra.

Idealmente, ambos os sistemas não seriam capazes de operar no mesmo período, por exemplo, não operando nas mesmas 12 horas, a menos que fosse para operação de emergência.

152. **Mantenha as portas de acesso aos veículos fechadas tanto quanto possível.**
A instalação de alarmes nas portas de acesso funciona como um impedimento para o pessoal abri-las e fechá-las logo em seguida.

153. **Desligue os aquecedores de imersão se a caldeira estiver funcionando.**
Um aquecedor de imersão pode consumir 16 vezes mais energia para aquecer água do que usar uma caldeira. A maioria das pessoas não percebe que um aquecedor de imersão está ligado, e aquecendo a água, quando uma caldeira já a pré-aqueceu.

154. **Reduzir o armazenamento excessivo de água aquecida em situações de baixa procura.**

Se for utilizado um tanque acumulador, certifique-se de que não seja superdimensionado, pois não poderá aproveitar todo o calor gerado. Conseqüentemente, terá sido aquecido sem motivo.

155. **Instale ventiladores circulatórios para melhorar a circulação do ar.**

Instale ventiladores circulatórios em tetos altos e áreas altas (por exemplo, em um ambiente de armazém) para impedir que o calor se acumule em bolsões de alto nível do espaço do telhado.

156. **Implementar serviços regulares de manutenção para equipamentos de aquecimento.**

Ter um plano de manutenção regular em equipamentos de aquecimento pode economizar mais de 10% nos custos de aquecimento.

157. **Instale o sequenciamento da caldeira.**

    Se estiver usando várias caldeiras, instale controles de sequenciamento de caldeiras.

158. **Substitua o equipamento antigo da caldeira.**

    Se as caldeiras tiverem mais de 10 anos, considere substituí-las por caldeiras mais eficientes. Ao considerar uma caldeira de substituição alternativa, deve ser considerado o custo total do ciclo de vida de cada opção, incluindo custos de manutenção, custos prováveis de combustível no futuro, esperança de vida, custo de capital, etc.

159. **Ajuste as configurações do relógio.**

Verifique se as configurações do relógio da caldeira estão corretas ou ajuste se necessário para evitar o funcionamento fora do horário. Muitas vezes, um membro da equipe, em vez de verificar se o relógio está acertado, simplesmente 'avança' a caldeira para que ela dispare no modo manual. Isto significa que a caldeira pode funcionar 24 horas por dia

160. **Use sensores de ocupação para ventiladores de extração.**

Instale controles de tempo com sensores de ocupação em ventiladores de extração locais.

161. **Limpe todas as grades do ventilador e dutos para garantir que funcionem com eficiência.**

É um requisito obrigatório que os dutos sejam limpos internamente regularmente, mas muitos não percebem que isso pode melhorar a sucção, o que também melhora a eficiência do sistema, pois não precisa trabalhar tanto para extrair o mesmo volume de ar.

162. **Use aquecedores de imersão apenas em situações de emergência.**
Desligar os aquecedores de imersão pode evitar o uso acidental quando a caldeira já está aquecendo água.

163. **Controle melhor a iluminação externa.**
Ajuste controles de tempo, combinados com sensores fotocélulas, para controlar a iluminação externa.

164. **Substitua unidades de ventilador antigas por novas.**
Substitua quaisquer unidades de ventiladores antigas e ineficientes por

unidades de alta eficiência, incorporando acionamentos de velocidade variável quando apropriado.

165. Remova o ar quente com o sistema de ventilação.

Em vez de utilizar o ar condicionado para resfriar um edifício, utilize o sistema de ventilação para remover o ar quente à noite, o que reduz a necessidade de ar condicionado no dia seguinte.

166. Pare de operar unidades de ar condicionado abaixo de 24 Celsius.

Ajuste os pontos de ajuste de temperatura para que o ar condicionado não funcione abaixo de 24 Celsius (75 Fahrenheit), a menos que seja necessário um processo específico.

167. Aumentar a circulação de ar.

Aumente a recirculação de ar ao usar o ar condicionado para reduzir a demanda do sistema.

168. Use filme solar para reduzir o calor.

Use película solar nas janelas voltadas para o sul para reduzir o superaquecimento no verão e reduzir a demanda de ar condicionado.

169. Use ventilação natural para resfriar um edifício.

Use ventilação cruzada natural para resfriar um edifício em vez de ar condicionado.

170. Use fechos de porta para separar áreas.

Instale fechos automáticos de portas em espaços separados onde o ar condicionado/aquecimento está sendo usado nessa área e para evitar que o ar tratado escape para outras áreas.

171. Realizar manutenção preventiva em equipamentos de ar condicionado.

A manutenção preventiva reduz o tempo de inatividade, pode reduzir custos em até 30% e aumenta a expectativa de vida útil dos equipamentos.

172. Substitua motores e drives mais antigos por unidades de alta eficiência.

Motores antigos podem ser muito ineficientes. À medida que envelhecem, as ineficiências aumentam e custa mais para operá-las. Substitua-as por novas unidades de alta eficiência.

173. Realize imagens térmicas em equipamentos.

Realize inspeções de imagens térmicas em equipamentos para avaliar o quanto eles estão trabalhando. Avalie as razões pelas quais esses equipamentos estão trabalhando mais do que outros e corrija sempre que possível.

Atualize qualquer equipamento identificado que não possa ser corrigido. Muitas vezes, os equipamentos mais antigos terão de trabalhar mais para gerar o mesmo nível de produção, o que significa que utilizam mais energia para criar essa produção.

174. Remova todos os equipamentos não utilizados.

Remova/isole qualquer equipamento que não esteja mais realizando um trabalho útil.

175. Substitua motores superdimensionados.

Substitua motores superdimensionados por motores de alta eficiência de tamanho correto. Alguns motores foram previamente instalados como uma unidade superdimensionada, na falsa crença de que se não precisasse trabalhar tanto, consumiria menos energia. Com os mais recentes motores de alta eficiência, os motores podem ser dimensionados para a carga que acionam e ainda usam muito menos energia do que suas alternativas mais antigas.

176. Substitua as correias e polias desgastadas dos motores.

Motores que trabalham mais usam mais energia para fazer o mesmo trabalho.

177. **Instale unidades de otimização de tensão.**

Considere a instalação de unidades de otimização de tensão para melhorar o desempenho do motor, pois a eletricidade fornecida ao motor é mantida constante, o que significa que o motor não precisa trabalhar mais enquanto flutua.

178. **Faça a manutenção adequada dos motores e acionamentos elétricos.**

A manutenção adequada de motores e acionamentos elétricos significa menos tempo de inatividade e um funcionamento mais eficiente. Implementar um plano de manutenção preventiva é uma boa maneira de conseguir isso.

179. **Instale unidades de velocidade variável.**

Substitua motores de velocidade fixa por acionamentos de velocidade variável, especialmente para ventiladores, bombas e compressores de ar.

180. **Instale controles de construção.**
Isto pode economizar até 20% nos custos de energia e melhorar o funcionamento do edifício.

181. **Verifique regularmente os relógios de ponto.**
Verifique se todos os relógios estão acertados na hora e no dia corretos. Fazer uma verificação rápida semanalmente pode ajudá-lo a economizar consideravelmente.

182. **Defina os ciclos liga/desliga corretos.**
Verifique se todos os relógios possuem ciclos de ativação/desativação corretos.

183. Verifique regularmente todos os termostatos.

Verifique se todos os termostatos estão na configuração correta e ajuste se necessário.

184. Verifique se os sensores de ocupação estão configurados corretamente.

Se sensores de ocupação estiverem instalados, verifique sua sensibilidade e tempo de funcionamento e ajuste quando necessário.

185. Instalar sensores de ocupação para todos os serviços.

Se um sensor de ocupação ainda não estiver instalado para controlar um equipamento, considere se a instalação de um poderia reduzir o tempo de operação do equipamento.

Por exemplo, se um equipamento só precisa funcionar quando alguém está presente, instalar um sensor de ocupação nesse equipamento economizará dinheiro.

186. Incentive a equipe a sugerir formas de reduzir o consumo de energia.

Vincular isso a alguma forma de esquema de recompensa pode ajudar a criar hábitos para sua força de trabalho e uma missão empresarial em torno da sustentabilidade.

187. Instale temporizadores em aparelhos elétricos.

Instalar temporizadores de sete dias em todos os equipamentos, como máquinas de venda automática, onde ficam normalmente ligados, para que possam ser isolados quando o edifício não estiver ocupado.

188. Use a função de economia de energia integrada.

Se o equipamento tiver uma função de economia de energia integrada, configure-a para operar

189. Troque dispositivos separados por dispositivos multifuncionais.

Use dispositivos multifuncionais em vez de dispositivos separados, como impressoras e copiadoras individuais; use um dispositivo central multifuncional e multiusuário.

Embora a eficiência energética aumente com uma unidade central, também deverá ser mais barato na substituição dos cartuchos de tinta.

190. Instale monitores de tela plana e TVs.

Substitua monitores e TVs antigos por novos modelos de tela plana.

191. Mude para equipamentos de TI portáteis.

Sempre que possível, use laptops ou tablets em vez de desktops. Eles economizam 90% de energia em relação aos desktops.

192. Reduza o resfriamento excessivo de um espaço refrigerado.

Não resfrie demais o equipamento de refrigeração. Cada 1 Celsius equivale a 2% do consumo de energia num sistema eficiente, mas mais num sistema ineficiente mais antigo.

193. Limpe os expositores refrigerados.

Limpe regularmente os expositores refrigerados. Isso remove o acúmulo de depósitos nas aberturas de ventilação e nos termostatos, e o equipamento pode continuar a operar com eficiência.

194. Use persianas noturnas em armários refrigerados.

Use persianas ou coberturas noturnas bem ajustadas em todos os gabinetes abertos para reduzir a carga de resfriamento fora do horário comercial.

195. Use um espelho de vidro em armários refrigerados.

Use um espelho de vidro (placa de açude) na frente dos expositores para economizar aprox. 3% sobre os custos de energia para o funcionamento de cada gabinete.

196. Inspecione regularmente a tubulação refrigerada.
Verifique o estado de qualquer isolamento da tubulação refrigerada e substitua-o se necessário.

197. Use o sequenciamento do chiller para controlar vários chillers.
Otimize o sequenciamento do chiller para compartilhar a demanda de refrigeração se houver vários chillers presentes.

198. Planeje tarefas de manutenção preventiva para refrigeração.
Tenha um plano de manutenção preventiva adequado para equipamentos de refrigeração. Isso pode eliminar o tempo de inatividade junto com a perda de produtos perecíveis perdidos durante o tempo de

inatividade de uma unidade de refrigeração com manutenção insuficiente.

199. **Avalie onde o calor está escapando do edifício.**

Realize uma avaliação de imagens térmicas nas fachadas externas de um edifício para determinar por onde o calor pode estar escapando.

200. **Reparar lacunas identificadas na estrutura do edifício.**

Preencha ou repare quaisquer lacunas nas paredes para evitar que o ar tratado escape.

201. **Remova a umidade antes de atualizar o isolamento.**

Rectifique quaisquer áreas de humidade no edifício antes de substituir o isolamento afectado.

202. Use selos de encaixe para descarregar veículos.

Quando os veículos são descarregados em compartimentos dentro de um edifício, utilize vedações de encaixe ao redor das portas.

203. Substitua as ferramentas de ar comprimido por elétricas.

Quando forem utilizadas ferramentas de ar comprimido, considere se podem ser utilizadas ferramentas elétricas. As ferramentas pneumáticas custam 10 vezes mais energia para funcionar.

204. Faça a manutenção adequada do equipamento de ar comprimido.

Tenha um plano ativo de manutenção preventiva para ferramentas e equipamentos de ar comprimido.

205. Reparar vazamentos em companhias aéreas

Repare quaisquer vazamentos nas companhias aéreas o mais rápido possível. Todo ar que escapa da linha aérea deve ser substituído pelo compressor. Se o ar não for utilizado para o seu propósito, será um desperdício de energia.

206. Use a fonte de ar mais fria possível para a entrada do compressor.

Se posicionado externamente, posicione o compressor de ar na face norte da área ou edifício com sombreamento nos lados sul, leste e oeste. Reduzir a temperatura de entrada do ar em 6 Celsius pode reduzir o consumo de energia em 2%.

207. **Remova linhas não utilizadas.**
Remova quaisquer linhas ou saídas de ar antigas ou não utilizadas para reduzir o volume de ar necessário no sistema de linha de ar.

208. **Separe a rede de ar comprimido em zonas.**
Instale válvulas de isolamento de zona nas áreas dos circuitos de linha de ar para reduzir a necessidade de ar comprimido. Quanto mais longa for a rede aérea, maior será a necessidade de ar comprimido para abastecê-la.

209. **Combine a demanda por calor com outras propriedades locais.**

Ao agrupar-se com outras propriedades locais, você pode obter eficiências muito maiores, tanto na eficiência da caldeira quanto no custo de capital. Ao instalar uma caldeira centralizada e distribuir o calor medido para cada propriedade, cada participante paga apenas pelo calor utilizado.

210. **Agrupe a sua gestão de energia com outras empresas locais.**

Ao agrupar a função de gestão de energia, o processo pode ser executado de forma mais eficiente, o que poupa dinheiro para todas as partes.

211. **Agrupe sua demanda por sustentabilidade com outras empresas locais.**

Toda empresa precisa melhorar suas práticas de sustentabilidade. Trabalhar em conjunto com outras empresas locais reduz a duplicação e os custos ao fazê-lo podem ser divididos entre muitas empresas, enquanto cada uma ainda obtém o benefício.

Conclusão

Nosso objetivo era dar-lhe uma ideia de como você poderia reduzir os custos de operação do seu imóvel. Não esperamos que você consiga fazer a maior parte deste trabalho sozinho e encorajamos você a consultar um profissional com experiência relevante para criar uma lista de oportunidades viáveis, juntamente com qualquer retorno quando for necessário um investimento inicial.

Também é importante priorizar as oportunidades de acordo com o orçamento e também com as oportunidades de maior impacto ou com menor período de retorno.

Sobre o autor

Wayne Fox é um reiniciador de negócios, disruptor do setor, desenvolvedor de propriedades comerciais, futurista, autor de best-sellers e investidor. Diretor do grupo Enyaw, uma empresa de investimentos com sede no Reino Unido que investe em *'estilo de vida de liberdade'* empreendimentos. Ele tem experiência em alcançar um crescimento de receita de 7 e 8 dígitos em empreendimentos anteriores de PMEs.

Meus links on-line:

Site Wayne Fox: www.wayne-fox.co.uk

Grupo Enyaw: www.enyawgroup.com

Enyaw Capital: www.enyawcapital.com

Propriedade Enyaw: www.enyawproperty.co.uk

Linkedin:https://www.linkedin.com/in/waynefoxuk

Twitter: https://twitter.com/WayneFoxUK1

Instagram:https://www.instagram.com/waynefoxuk

YouTube:https://www.youtube.com/@WayneFoxUK

Udemy:https://www.udemy.com/user/wayne-fox-6

www.ingramcontent.com/pod-product-compliance
Lightning Source LLC
Chambersburg PA
CBHW070259230526
45470CB00002B/642